RÉPONSE

A L'ÉCRIT

DE M. DUVERGIER DE HAURANNE

SUR LA CONVENTION DU 13 JUILLET

ET SUR LA SITUATION ACTUELLE DE LA FRANCE,

PAR

LE M.ᶦˢ DE LA GRANGE,

DÉPUTÉ DE LA GIRONDE.

J'ENTREPRENDS une œuvre souverainement difficile : combattre un noble et spirituel adversaire qui a souvent raison, défendre un ministère qui a quelquefois tort, faire ainsi la part de la vérité à M. Duvergier de Hauranne, à la France et au cabinet du 1.ᵉʳ mars, telle est la tâche que j'aborde avec une juste défiance et selon la mesure de mes forces.

Assurément, il faut toute la conscience d'un devoir et un sentiment profond de la nécessité pour se hasarder ainsi à travers la polémique de la presse ; mais la tribune est muette, un écrit éminent, peut-être même le manifeste de toute une fraction de la Chambre, a préoccupé les esprits, a surpris les convictions, il faut qu'une voix contradictoire lui réponde, qu'un esprit politique replace la question sur son véritable terrain, et l'envisage au point de vue de l'intérêt général et permanent du pays. Cette réponse, je l'ai vainement attendue ; libre de tout engagement de parti, je l'essaie maintenant.

1841

M. Duvergier de Hauranne, profitant de ce que le ministre des affaires étrangères du cabinet actuel et lui ont été plusieurs années sur les mêmes bancs, professant les mêmes doctrines, donnant le même assaut, au nom des mêmes griefs, au ministère conservateur de M. Molé, s'adresse aujourd'hui à M. Guizot : Qu'avez-vous fait, lui dit-il, des doctrines que nous professions ensemble dans une agression commune? Qu'avez-vous fait de nos griefs sur l'abaissement continu de la France? Qu'avez-vous fait vous-même de cette France que vous aviez reçue au 29 octobre? Comment l'avez-vous relevée? Que sont devenus entre vos mains son honneur, sa dignité et sa juste part d'influence dans le monde? La France avait, en 1830, table rase en ce qui touche aux traités de 1815, une révolution toute chargée, une coalition tremblante et décousue, le fanatisme au dedans, la stupeur au dehors. La question d'Orient venait de reposer la prééminence française en cause ou dans les négociations, ou sur les champs de bataille. La note du 8 octobre, ce bien modeste ultimatum du 1.er mars, venait de tracer une dernière ligne à l'abri de laquelle se réfugiait la dignité nationale, et au-delà de laquelle l'insolence de l'Angleterre et de la Russie ne devaient trouver que la guerre. Vous avez déserté honteusement jusqu'à cette dernière enceinte; vous avez livré aux capricieuses exigences de lord Palmerston ces clauses, ces réserves de la note du 8 octobre que M. de Lamartine lui-même trouvait si lâches et si insignifiantes. Rendez-nous compte de la dignité du pays, de l'attitude de notre diplomatie, du rang de la France dans le monde, de vos engagemens à la tribune, de l'existence du pacha d'Egypte, de la sécurité des Dardanelles, de l'intégrité de l'empire ottoman, de l'anarchie en Syrie, du protectorat à cinq, en un mot de l'Orient et de l'Occident; et si vous ne le pouvez point, reconnaissez avec moi que vous avez forfait non-seulement à la mission que vous imposait l'attitude de la France sous le cabinet du 1.er mars, mais encore à la mission que vous vous étiez donnée vous-même en déclarant à la tribune que vous resteriez dans la dignité de votre isolement, et que vous ne feriez faire à la France un pas vers le concert européen que quand l'Europe en aurait fait deux ! — Voilà, si je ne me trompe, l'argumentation de mon habile adversaire dans toute sa franchise et dans toute sa force.

Pour y répondre, qu'il me permette de la diviser. S'agit-il pour M. Duvergier de Hauranne de reprendre, sous le patronage de

son caractère et de son talent , ces fanfaronades ultrà-révolution-
naires , ces vociférations à la guerre universelle et à la propagande
armée qui ont commencé à retentir le lendemain de la révolution
de juillet, dont l'opposition de onze ans a fait son éternel mono-
logue , et qui n'ont ébranlé que la tribune , et qui n'ont usé que
les voix assez peu intelligentes pour s'en faire l'écho ? S'il s'agit de
cela , nous dirons à M. Duvergier de Hauranne : Nous ne vous répondons pas là-dessus. Nous ne vous répondons pas , parce que
cette thèse n'est pas la vôtre , elle appartient exclusivement à cette
classe d'esprits qui n'a pas changé une de ses idées depuis un demi-
siècle , et qui, à toutes les phases si nombreuses et si diverses qu'a-
mène l'incalculable combinaison des événemens européens , en res-
tait toujours à 1792.

Nous ne vous répondons pas , parce que vous êtes un homme
de sens et de valeur politique , parce que vous demandez à chaque
événement son idée , à chaque situation son principe , à chaque
danger social son palliatif. Nous ne vous répondons pas, parce que
vous avez été un des premiers et des plus fermes à comprendre
que 1830 était un bouleversement dynastique et non pas un cata-
clysme européen , qu'il était plus beau à la France de prendre sa
place sur son droit et sur sa raison dans la famille des puissances
européennes , que de risquer de l'élargir ou de la perdre tout entière dans une guerre extravagante et universelle; qu'à un siècle
qui était tombé deux fois de lassitude dans des flots de sang , il ne
fallait pas une misérable parodie de Moscou ou de l'Espagne , mais
que des hommes d'état dignes de ce nom devaient dessiner à la
France une sphère d'action régulière et pacifique , puissante par
l'expansion , forte par l'influence; que les conquêtes les plus pré-
cieuses à faire aujourd'hui , celles qui n'appelaient ni réaction , ni
vengeances , étaient les conquêtes des idées , du commerce , des
arts et de l'industrie ; que la France devait tendre à ce noble but ,
et que , loin de chercher à surprendre les peuples par des agres-
sions , le moyen le plus sûr pour elle de peser dans la balance européenne , c'était de resserrer les liens qui les unissent et de se les
attacher, en marchant à leur tête dans la voie du progrès et de la
civilisation ; que , même du point de vue révolutionnaire , la puissance d'une révolution était dans son calme , et non dans ces accès
de frénésie qui terrifient les amis de l'humanité.

Nous ne vous répondons pas , parce que , lorsque la Pologne a pris feu, vous êtes de ceux qui ont refusé d'y incendier la France ; parce que, quand l'Italie s'est révolutionnée, vous êtes de ceux qui ont refusé de rendre notre politique solidaire de ses agitations ; parce que, quand l'Espagne a vu éclater ses guerres civiles, vous êtes de ceux qui ont refusé de prêter la *coopération* de la France à l'une ou à l'autre de ses anarchies ; parce que, en un mot, vous êtes de ceux à qui la France et l'Europe ont dû, pendant huit ans, l'harmonie dans laquelle elles gravitent, et la paix qui sert de base à tous les autres genres d'ordre et de progrès.

Si nous étions chargés de défendre de nouveau, contre la politique perturbatrice et tapageuse, le grand système de préférence à la paix et d'action purement diplomatique qui prévaut depuis onze ans dans le monde, nous ne manquerions pas de raisons nouvelles, consciencieuses et toutes puissantes à faire valoir ; mais c'est à vous que nous emprunterions celles qui ont été dites avec le plus de mérite et le plus de courage à une époque où elles avaient l'air d'un paradoxe devant les délires de l'émotion publique, et où vous n'aviez point heureusement, comme aujourd'hui, des ménagemens difficiles à garder, entre un ministère dont vous voudriez réhabiliter les tristes œuvres et les sentimens politiques que votre conscience vous défend d'abdiquer.

Nous nous occuperons donc exclusivement, devant M. Duvergier de Hauranne, de la politique française depuis le jour où M. Thiers a pris les affaires d'Orient, au 1.er mars, jusqu'au jour où nous sommes, et nous circonscrirons la lutte, afin de ne pas laisser diverger les faits et l'attention du lecteur.

M. Duvergier de Hauranne prétend que la rentrée de la France dans le concert européen par la signature du traité du 13 juillet dernier, est un démenti donné par M. Guizot aux intentions manifestes de la Chambre et à ses propres engagemens ; il cherche à établir de plus que la signature donnée le 13 juillet dernier est un abaissement pour la France et un enchevêtrement gratuit de ses intérêts dans des intérêts opposés, une gêne à sa liberté d'action ; en deux mots, une honte et un tort.

Avant de traiter cette question avec M. Duvergier de Hauranne, nous lui demanderons, comme tout-à-l'heure, la permission de la diviser encore. On va comprendre de suite pourquoi. Nous sommes beaucoup plus partisan de la paix que nous ne sommes partisan du ministère ; notre point de vue n'est pas dans le cabinet, il est dans la Chambre, dans l'opinion, dans l'intérêt général et permanent du pays. Nous n'avons aucune espèce de solidarité avec le passé, le présent et l'avenir des hommes honorables à qui la nécessité a remis entre les mains le pouvoir au 29 octobre, et entre les mains de qui nous désirons sincèrement que le pouvoir demeure encore. Leurs combats de huit ans, pour des théories gouvernementales, selon nous raides, dures, exagérées; leur séparation momentanée et déplorable de la politique modérée et conservatrice de M. Molé pendant ce qu'on a appelé la coalition; leurs engagemens de situation, de convenance, de respect pour eux-mêmes pendant qu'ils ont appuyé au-dedans ou servi au-dehors le fatal ministère du 1.er mars; cette espèce d'homogénéité que des hommes d'état désirent toujours mettre entre leur conduite et leurs principes, malgré des déviations très-réelles et très-évidentes, tout cela nous est étranger. Nous ne voulons porter le fardeau de personne, nous voulons aider seulement tous les hommes de courage et de bonne intention à porter sans fléchir l'immense fardeau des affaires de la France, tant aggravé qu'il est par l'incalculable poids des six mois d'aberration, d'agitations et d'inconséquences du 1.er mars. Nous ne dirons donc rien des œuvres diplomatiques du ministère du 29 octobre. Qu'il y ait conséquence entre son rôle précédent et ses actes d'aujourd'hui; qu'il y ait accomplissement des promesses par lui faites à la tribune; qu'il y ait maniement plus ou moins habile de tous ces fils diplomatiques embrouillés ou brisés que lui remit le 1.er mars; qu'il les ait renoués avec plus ou moins de hâte et de succès, nous ne l'examinerons pas; c'est à lui seul de le savoir, et de le dire quand il viendra, à la session prochaine, demander le bill d'indemnité ou de gloire qui lui appartient. Puissant par la situation, puissant par la parole, puissant par le concours volontaire et gratuit que les amis de l'ordre européen lui prêtent, depuis le cabinet de Saint-Pétersbourg jusqu'à M. Peel et jusqu'à nous, il se présentera au jugement du pays. Nous avons eu besoin de lui, et il n'a pas besoin de nous; à lui seul la défense de ses actes, car à lui seul la responsabilité. Mais nous nous plaçons au point de vue de la France, et nous différons en ceci de l'honorable M. Duvergier de Hauranne, que, d'après nous, accomplie un peu trop tôt, accomplie un peu trop tard, la rentrée de la France dans le concert européen est un fait organique, nécessaire, vital, indispensable à la fondation d'un gouver-

nement régulier en France comme au maintien de l'ordre général
en Europe, et que par conséquent, sans examiner si ce fait a eu
lieu avec plus ou moins de garantie et de convenance de la part
de ceux qui l'ont réalisé, du moment qu'il est accompli, nous l'ac-
ceptons comme tel, et nous en félicitons notre pays.

Nous allons essayer de le prouver :

Où en était la question d'Orient au 1.er mars ?

Où en était l'Europe ?

Où en était la France ? —

Où en était l'Orient au 1.er mars ? Le voici :

L'empire ottoman, menacé par un vassal ambitieux, craquait de
toutes parts ; Mahmoud était mort au bruit de l'ébranlement de son
trône et des défaites de ses lieutenans ; un enfant inspiré par des
femmes tenait, du fond du sérail, les rênes de ce gouvernement
qui aurait voulu la main d'un héros ; Ibrahim avait en Syrie une
armée insurrectionnelle de soixante-cinq mille hommes ; la flotte
ottomane, ce dernier et puissant boulevard mobile de la Porte,
avait été livrée par un traître à un pacha révolté, et pourrissait
dans les eaux du vieux port à Alexandrie.

Où en était l'Europe au 1.er mars ? Parcourons-la. La Russie,
d'abord armée du traité d'Unkiar-Skelessi, du précédent de son intervention non contestée de 1833, de sa position dominante à Sé-
bastopol, des sympathies consanguines de toutes les populations
grecques et slaves qui entourent la mer Noire et qui pressent Constantinople, enfin de la faiblesse et de la minorité même du jeune
sultan plus facile à opprimer de sa protection intéressée, se tenait prête à lancer ses flottes dans le Bosphore et ses corps d'armée dans l'Asie-Mineure à la vue du premier soldat égyptien qui
aurait osé franchir le Taurus. En cela elle était dans son droit,
car, protectrice, alliée du sultan, obligée de défendre l'intégrité
nominale d'un empire caduc, elle ne pouvait laisser cet empire
devenir impunément la proie d'un pacha d'Egypte qui en eût
changé la politique, la dynastie, les lois, la force relative et jusqu'à la race.

L'Angleterre se préoccupait avec non moins de raison de la question maritime en Orient, et jusqu'à un certain point de la question
territoriale. Elle avait accepté, comme la Russie, dans l'intégrité
de l'empire ottoman un fait connu et défini, c'est-à-dire les Dardanelles fermées pour tout le monde ; une flotte majestueuse,

mais impuissante à Constantinople, des frontières inviolables en Europe et en Asie, une Syrie divisée, anarchique, mais librement ouverte au commerce de toutes les nations ; enfin, en Egypte, une puissance vassale, viagère, sans durée, sans consistance, sans garantie de la part de l'Europe ; un fait momentané plus ou moins imposant, mais n'ayant que la consécration du hasard et la solidité d'un accident, en un mot, un pacha de soixante-douze ans, révolté, il est vrai, mais à la merci de la vieillesse ou d'un maître plus ferme. Il était bien différent pour elle de voir surgir tout-à-coup à Alexandrie une espèce de Pharaon moderne, constituant un immense empire entre les deux mers, avec consécration, reconnaissance, garantie de l'Europe et affaiblissement du sultan. Ajoutez que cette souveraineté égyptienne s'emparait du premier coup de toute l'Arabie et de toute la Syrie, en plaçant ainsi tout le fonds du littoral de la Méditerranée sous des canons qu'un signe de la France pouvait tourner contre l'Angleterre ; ajoutez encore que la route des Indes par Suez, cette artère vitale du commerce européen dans l'avenir, se trouvait ainsi sous la main du nouveau sultan qui pouvait la fermer ou l'ouvrir au gré de ses intérêts ou de ses antipathies ; enfin, que l'Angleterre, en lui reconnaissant cette puissance, élevait elle-même une barrière infranchissable entre elle et les quatre-vingts millions de sujets avec lesquels elle doit communiquer dans les Indes. Non, sans doute, l'acceptation par l'Angleterre du blocus continental sous Napoléon n'eût point été aussi honteuse ni aussi ruineuse pour elle que la consécration du sultan d'Egypte !

Entre ces deux grandes puissances, mais sur un plan moins avancé, l'Autriche et la Prusse ne pouvaient souffrir en silence l'altération organique de l'empire ottoman par l'envahissement et le démembrement du pacha. On va le comprendre.

L'Autriche possède Trieste, Venise, et directement ou indirectement le littoral de l'Adriatique, ce grand golfe autrichien qui fait face aux golfes d'Alexandrette et d'Alexandrie. Si l'Angleterre prévalant en Egypte y eût fondé sur les ruines du pacha sa domination exclusive, l'influence navale et commerciale de l'Adriatique était perdue dans la Méditerranée et dans la mer de Marmara ; tout le littoral de l'Egypte et de l'Adriatique n'eût été qu'un long Gibraltar. D'un autre côté, si, pour faire contrepoids à l'Angleterre en Egypte, la Russie, ce qui n'est pas douteux, eût lancé ses flot-

tes dans le Bosphore , protégé Constantinople sous ses batteries ,
englobé la Valachie , la Moldavie , la Bulgarie , la Servie et la
Bosnie , en insurgeant la Macédoine , l'Autriche se trouvait à dé-
couvert de 140 lieues de frontières contre un empire russe gréco-
slave , accru de douze ou treize millions de populations ; c'était le
suicide de la monarchie autrichienne !

Quant à la Prusse, cette pointe de l'épée russe au cœur de l'Allemagne et de la France , elle semble, au premier abord, assez in-
différente à la question d'Orient. Cependant, de deux choses l'une :
où la Russie l'aurait intéressée à son agrandissement en Asie et en
Europe par une large concession en Saxe ou en Pologne , et alors
elle eût porté ombrage à l'Autriche, sur laquelle elle ne pèse déjà
que trop ; ou la Russie n'aurait rien fait pour elle, et alors, juste-
ment inquiète, elle eût tremblé pour sa propre indépendance et
pour la confédération germanique dont elle est en quelque sorte le
pivot. Elle était donc forcée, par les prévisions de sa politique ,
de prendre un rôle tantôt russe et tantôt allemand, dans ce grand
conflit qui s'était élevé si loin d'elle.

Maintenant , la France pouvait-elle voir , sans préoccupation ,
bouleverser la carte de la Méditerranée , la Russie se créer empire
d'Orient, l'Autriche se découvrir de douze millions d'hommes , la
Prusse devenir une avant-garde russe sous la vassalité du czar,
l'équilibre européen rompu en Allemagne , l'empire turc s'évanouir à Constantinople , les Dardanelles devenir un arsenal de la
grande monarchie du nord, la Syrie et l'Euphrate se fermant à
notre commerce et à notre transit, et enfin l'Egypte , dans la main
des Anglais , devenir une projection avancée des Indes sous
quelque raja ottoman ? Cela était impossible ; et du moment où
l'empire du sultan s'écroulait sous les menaces de Méhémet-Ali , il
n'y avait pour elle que deux choses à faire : ou proposer , comme
mon honorable ami M. de Lamartine le voulait, un congrès à l'Europe et une distribution amiable des influences proportionnée à
l'importance des puissances les plus intéressées, ou bien refréner
de concert Méhémet-Ali , le faire rentrer dans l'obéissance, le con-
traindre à évacuer la Syrie, et refaire de lui ce qu'il était , un pacha dans une province , et non pas un sultan dans un empire.

Le premier de ces deux partis avait de grandes chances et de
grands hasards ; c'était de la politique héroïque et organique , telle
qu'elle nous paraît convenir aux grandes époques et aux grandes

nations ; elle créait en Europe des débouchés immenses, et en Asie des nationalités rajeunies et fortes. L'opinion , le gouvernement et la Chambre , qui regrettent aujourd'hui cette politique , et qui tâchent de la ressaisir maladroitement et tardivement, en suscitant d'impuissantes insurrections en Candie , en Syrie et en Albanie , n'osèrent pas l'aborder ; ce jour-là , la fortune diplomatique de la France fut ajournée peut-être d'un siècle.

Le second parti qui se présentait était ce qu'on a appelé le *statu quo*, la politique du ministère du 12 mai, politique timorée, sage à défaut d'audace , claire à défaut de portée , telle qu'elle convenait généralement à la moyenne des intelligences, qui craint le mouvement et qui s'arrête devant l'inconnu. Cependant, cette politique , qui n'était au fond qu'un ajournement , avait son mérite, sa probité , son honneur. C'était nier la difficulté, de peur d'avoir à la résoudre ; c'était tourner l'obstacle , de peur d'avoir à le franchir ; c'était ne rien déplacer dans le monde, de peur d'avoir à retrouver la place de quelque chose. On prenait un rôle à la fois très-probe, très-digne et très-honorable; on se constituait gardien de l'indépendance de la Méditerranée, de l'équilibre de l'Orient et de la paix du monde.

En quoi le 12 mai manqua-t-il à ces belles conditions de la politique qu'il avait adoptée ? Nous allons le dire avec franchise et sans amertume.

La question était en Egypte, le 12 mai la transporta à Constantinople; au lieu de voir le nœud de la difficulté où il était , c'est-à-dire dans la répression nette, sincère et collective des usurpations du pacha , il se préoccupa exclusivement de mettre obstacle à une intervention russe dans le Bosphore. Ceci le brouilla avec la Russie sans lui donner l'Angleterre , car l'Angleterre a le bon sens de savoir que la prépondérance russe à Constantinople est un fait sans remède , et que , pourvu que ce fait ne se consacre pas en droit exclusif, il importe très-peu que quelques voiles russes franchissent de temps en temps , à l'appel de la Porte , la barrière idéale du Bosphore. Le 12 mai fit une faute plus grave, il fut en contradiction avec lui-même devant l'Europe pour la question de Syrie; car, d'un côté, il dit à l'Europe : Je veux avec vous et plus que vous l'intégrité de l'empire ottoman ; il disait en même temps d'un autre côté : Je protège le démembrement de cet empire dans la personne d'Ibrahim , conquérant de la Syrie. De telles paroles d'intégrité et une telle prétention de morcellement juraient ensemble. L'Europe ne pouvait y voir une niaiserie, elle y vit une mauvaise foi. De plus, le 12 mai eut un malheur, un grand malheur dans la négociation, il eut l'apparence de la duplicité dans le fait le plus grave qui pût inquiéter l'Europe. On se souvient que la France avait envoyé sa flotte pour surveiller les Dardanelles, et même, disait-on tout haut, pour empêcher la flotte du sultan d'attaquer celle de Méhémet ; plaisant concours au rétablissement de la souveraineté du sultan, que celui d'un allié paralysant le bras du souverain qui va réduire son vassal. Ce n'est pas tout : pendant la douloureuse agonie de Mahmoud, l'intrigue, la lâcheté, la trahison travaillaient aussi l'amiral et les officiers de la flotte ottomane ; le lendemain de la mort du sultan, tout éclata ; le capitan-pacha résolut de passer à l'ennemi ; il vint lui-même parlementer à bord des bâtimens français qui croisaient devant Tenedos. Que se passat-il ? On l'ignore ; mais, ce qui est certain, c'est que la sortie des Dardanelles, qui lui était interdite quand il voulait aller combattre Méhémet au nom du sultan, lui fut permise et ouverte le lendemain du jour où il eut trahi l'empire pour le pacha révolté. — Il y eut là un fait dont, certes, la haute probité du 12 mai n'était pas responsable ; mais les diplomaties sont soupçonneuses ; mais la Porte cria à la complicité de la France ; mais la Russie ne douta point que ce renfort au pacha ne fût une complaisance du ministère français contre elle ; mais l'Angleterre dut craindre que la flotte ottomane, remise ainsi dans les mains de Méhémet, réunie dans le port d'Alexandrie à la flotte égyptienne, et renforcée peutêtre bientôt par toute la marine française, ne fût une combinaison habilement préparée pour lutter avec ses vaisseaux à force supérieure, quand l'Europe voudrait exécuter son ultimatum contre le pacha ; mais l'Autriche elle-même s'indigna, l'audace de Méhémet s'en accrut, et plus que jamais il dut croire à l'appui secret d'une puissance qui lui livrait le chemin de la mer, et qui lui montrait du doigt le Taurus. De ce jour, tout s'envenima ; il ne faut jamais flatter ceux qu'on veut réduire.

Cependant la haute loyauté du ministère du 12 mai ne tarda pas à reconquérir en Europe la confiance qu'une politique ambiguë et une apparence malheureuse avait un moment altérée. La France reprit son rôle de médiatrice honnête et désintéressée dans les conférences de Londres. Les propositions conciliatrices de l'Au-

triche et de la Prusse furent agréées ; la Russie fit des concessions
entières ; lord Palmerston lui-même en fit d'immenses de son côté.
La France se restreignit à demander quelque parcelle de Syrie, et
sans aucun doute l'affaire orientale non tranchée, mais palliée,
allait s'assoupir sous une signature à cinq, protocole d'ajournement et de transaction. Voilà où en était la France au 1.er mars
1840, quand les amis de M. Duvergier de Hauranne prirent la di-
rection des affaires.

Ici commence le grand drame dont la péripétie a été la conflagration du monde et dont le dénoument fut la note du 8 octobre
signée par ce ministère même sous les batteries de la flotte an-
glaise, c'est-à-dire, le démenti le plus humiliant que jamais la politique d'un grand empire se soit donné à la face du monde, la
France se frappant la poitrine et se reconnaissant impuissante à
faire prévaloir pour un allié ce qu'elle avait déclaré si haut être
sa volonté et son droit. M. de Lamartine a appelé cela, dites-
vous, le Waterloo de la diplomatie française ; il a eu tort : la diplomatie française n'était point solidaire des inconséquences d'un
ministère de six mois ; ce ne fut que le Waterloo politique des
ministres du 1.er mars. La nation peut leur pardonner cette demi-
année de troubles, elle ne leur pardonnera jamais ce jour de
honte.

Que le lecteur me permette de poser cette alternative au ministère du 1.er mars : ou il voulait être un ministère héroïque, ou il
voulait continuer en sous-œuvre les transactions molles et tempo-
risantes du 12 mai ; en un mot, ou il voulait sérieusement la
guerre, ou il désirait sincèrement le maintien de la paix. S'il voulait la guerre, qu'avait-il à faire ? Nouvelle alternative, ou s'allier
avec la Russie, ou s'allier avec l'Angleterre, ou bien enfin faire
la guerre à la fois à la Turquie, à la Russie, à l'Angleterre, à
l'Autriche et à la Prusse.

S'allier avec la Russie ? rien de plus facile, mais il fallait lui li-
vrer Constantinople. S'allier avec l'Angleterre ? rien de plus simple, mais il fallait lui sacrifier Méhémet. Faire la guerre aux
deux à la fois ? rien de plus fou, mais enfin, la folie admise une
fois, il fallait prendre position sur le champ de bataille. Or, le
champ de bataille, où était-il ? — sur la mer, en Egypte et sur-
tout en Syrie ; il fallait donc à l'instant même, ou un traité avec
la Russie, ou un traité avec l'Angleterre, ou une expédition na-

vale et un débarquement à grande proportion en Syrie ; il fallait
de plus 500,000 hommes sur le Rhin. Voilà la logique la plus vul-
gaire comme aussi la plus vraie ; en ne la suivant pas, on arri-
vait inévitablement à ce que nous avons vu et à ce que regrette
M. Duvergier de Hauranne, c'est-à-dire à l'agitation sans but,
à la négociation sans loyauté, à la menace sans résultat. Au lieu
de cela cependant, qu'a fait le 1.er mars ? On ne le croirait point si
l'histoire armée des pièces officielles n'en était le témoin irrécusa-
ble. Il écrit à son ambassadeur à Londres, au moment de son avé-
nement, au moment où l'Europe entière tient la plume pour si-
gner la conclusion de cette affaire : Ajournez, gagnez du temps,
faites traîner, — c'est-à-dire, laissez s'allumer davantage une
question déjà si compromise et qui brûle depuis dix-huit mois les
mains de tous les diplomates qui y ont touché, jusqu'à ce qu'elle
embrase enfin l'Orient et l'Europe tout entière. A une telle com-
munication, je le demande, que dut penser l'Europe assise aux
conférences de Londres ? Que dut-elle penser encore lorsqu'elle
vit la presse ministérielle française jeter tous les jours comme un
dogme de notre nationalité le protectorat de la France sur l'Egypte
et faire de la cause de Méhémet-Ali une cause française? On a
beau démentir des articles de journaux par des phrases de corres-
pondances diplomatiques, les phrases sont des paroles, l'action de
la presse ministérielle est un fait qui n'échappe pas à la perspica-
cité de l'Europe ; c'est par-là que les intentions secrètes des cabinets constitutionnels transpirent ; cette transpiration de l'opinion
du pouvoir est un symptôme qui avertit suffisamment. Les cabinets étrangers ne sont pas assez inconséquens pour s'imaginer
qu'un ministre va, de sa propre plume ou de ses propres inspira-
tions, réchauffer quotidiennement la sympathie de la nation pour
celui qu'il appelle son allié, et pousser cette sympathie jusqu'au fanatisme et jusqu'à la menace, pour jeter ensuite au vent cette idée
et abandonner ce soi-disant allié à la merci de quelques vaisseaux
anglais et d'un débarquement de 400 hommes. Du jour de l'avé-
nement de M. Thiers, ils durent croire et ils crurent en effet que
la France avait définitivement adopté l'idée folle de construire un
empire égypto-français sur le Nil, en Syrie, sur le Taurus, et de
mécontenter à la fois l'Angleterre aux Indes et la Russie dans la
mer Noire.

De ce jour aussi, et logiquement, la coalition diplomatique con-

tre la politique française en Orient fut formée ; et comment la
France pouvait-elle s'en plaindre ? C'était elle qui, par l'ignorance
où par la démence de son cabinet, s'était faite elle-même coalition
contre le monde entier. Cependant, pour que rien ne manque à
l'inconséquence, on continue publiquement à négocier, et l'on fait
semblant d'écouter d'une oreille les propositions sérieuses et lon-
ganimes de la conférence de Londres, tandis que l'autre oreille est
ouverte aux confidences de Méhémet-Ali, et au bruit des pas de
l'armée d'Ibrahim qui grossit chaque jour au pied du Taurus. At-
tendez, nous ne sommes pas à bout d'inconséquences ; voici la
plus forte : sur la demande des puissances et de la France elle-
même, un ambassadeur ottoman est appelé, pour la première
fois, aux conférences de Londres, pour consentir, au nom de son
maître, aux conditions du réglement de l'affaire orientale. La négociation tout entière se trouve ainsi loyalement et d'un commun
accord transportée de Constantinople et d'Alexandrie à Londres.

Les puissances s'interdisent toute action isolée et individuelle,
soit auprès du sultan, soit auprès du pacha ; le fil de toutes les intrigues se trouve ainsi brisé ; les malentendus deviennent impossi-
bles, la négociation marche à un résultat unique et certain ; l'O-
rient tout entier se trouve placé sur la table de la conférence ;
l'Europe est là ; il n'y a plus qu'un seul esprit qui va délibérer et
résoudre, pour le bien de la paix, le plus grand procès diplomatique que le monde ait jamais eu à débattre et à juger. Dans une
position si nette, si loyalement dessinée, si librement consentie,
que fait la France, ou plutôt que fait son ministre des affaires
étrangères ?

Son premier acte est de manquer avec éclat à la convention
commune, aux droits de l'Europe réunie en conférence, aux droits
mêmes du sultan, dont le représentant est à Londres, et d'en-
voyer, sous un mystère trop transparent, des agens secrets à Méhémet-Ali et à Constantinople, pour traiter, dit-il, d'un arrange-
ment direct, c'est-à-dire pour soustraire cette grande négociation
européenne à l'Europe entière, qui se tient sous sa main à Londres, et pour faire à lui tout seul je ne sais quel traité occulte et
impossible entre le sultan et Méhémet, sous l'unique sanction de
la France, et en se jouant dérisoirement de la conférence de Londres, de son propre ambassadeur, de celui du sultan, de la Prusse,
de l'Autriche, de la Russie et de l'Angleterre.

La seule pensée d'un pareil acte dénonce bien plus d'ignorance que de duplicité dans son auteur. Croire que l'Europe dont tous les intérêts sont enchevêtrés dans la question d'Orient va se laisser jouer par une petite intrigue entre un ministre de six mois, un vieux pacha et une odalisque au fond d'un sérail, c'était un rêve par trop oriental ; ce rêve cependant eut sa puérile réalité. M. Périer fût envoyé à Alexandrie, il eut des conférences secrètes avec Méhémet-Ali ; il alla de là à Constantinople, il tenta d'en avoir avec le divan ; les dépêches existent, les amis de M. Duvergier de Hauranne peuvent le lui attester ; le président du ministère du 1.er mars plaça trois ou quatre mois ses espérances dans cette politique d'enfant qui rappelait les tours de diplomatie que fit Louis XV en Pologne au moyen de Fabvier et de Dumourier, petit anachronisme de près d'un siècle qui ne pouvait duper que les dupeurs. Qu'on juge du juste refroidissement de l'Europe et de l'aigreur de ses représentans à Londres en regardant jouer ainsi les minces ressorts d'une diplomatie aux abois, qui n'attestaient que le mépris de leur intelligence et la dérision des actes officiels de la France auprès d'eux. De ce jour-là les dissentimens naturels entre l'Angleterre et la Russie tombèrent devant l'injure commune que leur faisait le gouvernement français. L'Europe, fatiguée de ces lenteurs et irritée de ce peu de foi, dut se dire : Concluons à quatre, puisqu'il est avéré pour tout le monde que pendant que le gouvernement français a une main sur le tapis de la conférence, il en a une autre dans les intrigues du sérail, dans le quartier-général d'Ibrahim et dans les complots du pacha. La France fut donc avertie alors que l'Europe était à bout de patience, et que si elle ne consentait pas loyalement à traiter sur la base des concessions qu'on faisait encore en Syrie à son protégé pour lui complaire, on allait traiter sans elle. C'est là qu'à la suite de la déloyauté du ministère du 1.er mars eut lieu sa plus grande balourdise ; il s'imagina que toute cette colère de l'Europe n'était que comminatoire, qu'elle n'en était point à son dernier mot, et que le monde entier, acculé à une difficulté infranchissable, reculerait devant un caprice du cabinet de la rue des Capucines. Cette erreur nous coûta cher. Pour que la force d'un pays soit respectée, il ne faut jamais qu'elle se laisse mesurer, encore moins briser ; on peut tendre quelquefois le ressort diplomatique, mais jamais jusqu'à le rompre, car, une fois le ressort de la diplomatie rom-

pu , il n'y en a plus qu'un pour relever une nation , la guerre !
La guerre ! nous venons de prononcer le grand mot du 1.er
mars. — Il en était réduit par ses propres témérités à cette dernière et héroïque ressource des cabinets compromis. Comment
l'employa-t-il ? comment la prépara-t-il ? comment la fit-il ?
Nous allons le voir.

A peine le traité du 15 juillet était-il signé à Londres , que le
ministère jeta le premier et fit jeter par tous ses organes ce grand
cri de détresse , de fureur et de désespoir qui réveilla en sursaut
la France , et qui émut tous les échos de cette nation si sensible à
l'honneur. Le ministère cria à la trahison , à l'insulte , à la coalition , au partage , à la conquête. La France , un moment trom-
pée , lui répondit de toutes parts ; les pièces diplomatiques ne lui
étaient pas connues. Le ministère seul avait le secret de sa propre
conduite. Après avoir voulu prendre l'Europe pour dupe de sa
double négociation à Alexandrie, il voulut prendre la France pour
dupe de sa déconfiture à Londres. Il y eut une rumeur générale ,
une de ces agitations sourdes et toutes puissantes qui soulèvent
toutes les passions généreuses d'une nationalité offensée. La *Mar-
seillaise*, ce chant du désespoir populaire , retentit dans toutes les
rues ; l'écume révolutionnaire bouillonna à la surface ; la partie
conservatrice du pays, avec un patriotisme plus calme , se montra
elle-même prête à tous les sacrifices et à tous les dévouemens. Les
impatiences comprimées des traités de 1815 fermentèrent dans
toutes les poitrines. Le ministère eut beau jeu , et s'il avait eu le
courage de sa témérité, il pouvait en trois mois faire mouiller qua-
rante vaisseaux devant Alexandrie, débarquer trente mille hommes
en Syrie et porter 500,000 baïonnettes sur le Rhin. Cette grande
et énergique démonstration pouvait seule l'absoudre de tant d'inconséquences : il y a des fautes que l'on ne couvre que par la
gloire. Au lieu de cela, que fit-il ? — cinq ou six articles de journaux , misérable ultimatum de popularisme , insolens la veille ,
humbles le lendemain, et qui baissaient de ton à mesure que l'Europe élevait le sien.

Comment prépara-t-il la guerre ? Vous le savez. — Il créa les
cadres de quinze régimens et envoya à sa flotte l'ordre d'aller d'a-
bord s'aplatir dans le golfe profond de Nauplie , et de rentrer ensuite à Toulon désarmer notre influence et nos menaces. Mais at-
tendez : pendant que d'après son langage il laissait ainsi s'accomplir

le débarquement en Syrie, la déroute d'Ibrahim, l'anéantissement du pacha, tremblant, disait-il, que la guerre ne vînt à dépasser les limites qu'il avait lui-même tracées à sa longanimité, c'est-à-dire, soit à déborder du Taurus, soit à redescendre sur le Nil, tandis que la France et l'Europe attentive redoutaient qu'une obstination de Méhémet n'allumât l'étincelle d'une conflagration générale, que faisait encore votre ministère ?

Les cartons de l'hôtel des affaires étrangères le savent. Un nouvel envoyé, un esprit distingué et délicat, M. le comte Waleski, partait mystérieusement de Toulon pour Alexandrie. Qu'allait-il faire auprès du pacha dans un moment si épineux et si décisif ? Répondez. De deux choses l'une : ou il allait auprès du pacha au nom de la France, pour l'engager à céder aux circonstances et aux injonctions de l'Europe ; ou il allait auprès du pacha pour l'engager à tenir bon, à se défendre dans Alexandrie, à s'obstiner en Syrie et à franchir le Taurus.

S'il allait pour faire obtempérer Méhémet-Ali, il n'y a pas de mots dans la langue pour caractériser un pareil acte diplomatique. Nous nous bornerons à le traduire.

N'était-ce point dire au pacha et à l'Europe : Nous faisions semblant de vous soutenir ; depuis trois ans nous avons affronté l'Europe en paroles pour votre cause, et aujourd'hui que l'Europe persiste et qu'elle vous condamne, nous venons nous faire auprès de vous les supplians de la paix et vous conjurer de ne pas nous forcer, à l'occasion, de nous battre.

Si M. le comte Waleski, au contraire, allait dire au pacha de tenir bon et l'engager à franchir le Taurus, que signifiait une pareille démarche ? C'était emprunter la main de Méhémet pour mettre le feu au monde, n'osant pas l'y mettre soi-même ; c'était forcer la descente des Russes dans le Bosphore, trahir le sultan, pour l'intégrité duquel on déclarait combattre. C'était bien pis encore, c'était trahir la France, car tout le monde sait que, le Taurus franchi, les Russes étaient à Constantinople, les Anglais à Alexandrie, et la guerre européenne commencée sur le Rhin ; or, personne n'ignore aussi que la France n'avait pas en ce moment 80,000 combattans à mettre en ligne sur le Rhin contre les forces réunies de la coalition, qu'elle avait 70,000 hommes compromis en Algérie, et que, la lancer dans la guerre à des conditions semblables, c'était plus qu'une faute, c'était un crime.

Certes, il est bien loin de notre pensée de vouloir accuser le ministère du 1.er mars de lâcheté ou de trahison ; nous respectons profondément les personnes, nous ne qualifions que les actes. D'ailleurs, nous n'avons raisonné que sur des hypothèses, car nous ne savons pas ce qui s'est passé dans les conférences intimes entre M. le comte Waleski et le pacha ; les dépêches qui apportaient au ministère du 29 octobre les confidences destinées au président du conseil du 1.er mars, ont disparu, dit-on, après avoir été entrevues au passage. Nous espérons qu'un jour elles se retrouveront, et que l'histoire n'aura à consigner dans ces actes, ni tant d'humiliation pour la France, ni tant de duplicité pour le ministère.

Néanmoins, l'Europe, sans s'embarrasser davantage de toutes les tergiversations du cabinet des Tuileries, marchait droit et ferme à son but, le rétablissement de l'intégrité de l'empire ottoman et le refoulement du pacha dans les limites de sa vassalité légale ; ce fut alors que, pour couronner dignement la série de ses fautes, le ministère de M. Thiers, au lieu de la note terrible que la France espérait, que l'Europe attendait, publia, non pas l'ultimatum des droits et des protestations de la France, mais l'ultimatum de ses désaveux et de ses génuflexions, je veux dire la note du 8 octobre.

Que disait cette note ? — Elle disait qu'après avoir déclaré que la France voulait l'établissement d'un empire indépendant dans la famille du pacha en Egypte, en Syrie, en Arabie ; qu'après avoir protesté contre toute mesure coërcitive de l'Europe envers lui ; qu'après avoir envoyé une flotte porter notre drapeau entre le pacha et le sultan ; qu'après avoir menacé les cinq puissances de nos interdictions et de notre protectorat égyptien ; qu'après avoir sacrifié d'abord l'Arabie et les villes saintes, puis le district d'Adana, puis la Syrie jusqu'à Beyrout, puis la Syrie jusqu'à Saint-Jean-d'Acre ; qu'après avoir jeté le cri d'alarme en France, fait des armemens, créé des cadres militaires immenses, improvisé les fortifications de Paris, et tiré l'épée de la France, la France se posait enfin tout armée, non pas sur une partie de terrain en litige, mais sur le terrain qui n'était pas contesté, c'est-à-dire sur le maintien du pacha seulement en Egypte. Cette reculade, en style fanfaron, ne trompa personne. L'Europe sourit, la France entière baissa e, et le ministère tomba. — Il tomba bien bas, car il tomba dans honte ; nul regret ne l'y suivit, excepté peut-être ceux

de l'anarchie qu'il avait involontairement soulevée. C'est un beau trait de fidélité politique, que la défense que M. Duvergier de Hauranne prend aujourd'hui de pareils actes ; si l'on n'y reconnaît pas toute la justesse de son esprit si éminent, on y reconnaît du moins toute la générosité de son âme ; mais, en histoire, il n'est pas permis d'être généreux, le seul devoir est d'être vrai. Ne falsifions pas les leçons que de tristes expériences nous donnent ; nous les devons à ceux qui nous suivent.

Maintenant raisonnons :

Que veut M. Duvergier de Hauranne ? Veut-il dire que la question d'Orient a été manquée par la France ? — D'accord. Veut-il dire que nous sommes plus bas qu'auparavant ? — C'est probable. Que l'Europe a dû prendre une mesquine idée de l'intelligence de nos ministres et de nos Chambres ? — Je le pense comme lui. Que la grande occasion que la destinée nous offrait de ressaisir la tige de la balance européenne est perdue pour long-temps ? — Qui peut le nier ? Que nous avons reconstitué contre nous, par les velléités révolutionnaires et les *Marseillaises* intempestives du 1.er mars, une sorte de coalition morale de toutes les monarchies contre nous ? — Il faut se l'avouer tristement. Mais M. Duvergier de Hauranne veut-il en conclure que la rentrée dans le concert européen est le fait même qui met la France en péril et qui l'abaisse ? Veut-il faire porter sur les actes du 29 octobre, quels qu'ils soient, le poids d'une situation diplomatique faussée, pervertie, troublée et dégradée depuis trois ans ? Veut-il en conclure encore que, pour replacer la France à son rang dans le monde, il faut désavouer la réconciliation européenne telle quelle, qui s'est opérée depuis la chute du 1.er mars, et répudier les ministres actuels pour remettre les affaires entre les mains de ceux qui les avaient perdues ? C'est ici que nous différons profondément de l'honorable publiciste, et nous sommes sûrs que, si nous lui posions la question en ces termes, il hésiterait à la résoudre. Quel est donc, lui dirions-nous, le remède déplorable que vous nous offrez ? Quoi ! parce que le ministère du 29 octobre aura mis, suivant vous, trop de hâte et trop peu de convenance dans l'acte de la réconciliation du monde ; parce que vous auriez désiré avec M. de Lamartine et avec la Chambre une concession large et significative faite à la France pour obtenir son adhésion aux actes européens qu'elle avait si long-temps, quoique injustement contestés ; parce que le ministère du 29 octobre, accablé de difficultés incommensurables, aura plus ou moins fléchi sous leur poids et porté avec plus ou moins de grâce la dignité diplomatique du pays ; parce qu'un procédé, car il ne s'agissait, vous le reconnaissiez vous-même, que d'un procédé, aura été plus ou moins ménagé ou pallié, il faut désavouer tout ce qui a été fait, il faut désavouer même le temps qui glisse sur tout en effaçant tout, il faut désavouer les six mois 'de paix, d'ordre et de sécurité qui viennent de renaître, et replacer la France — où? — au lendemain de la note du 8 octobre, c'est-à-dire au lendemain de la plus grande honte et à la veille de la conflagration; il faut replacer la France entre les mains de qui ? — entre les mains du ministre qui l'avait jetée par son incohérence dans un conflit sans cause, dans une guerre sans alliés, dans une entreprise sans issue, et qui, accablé lui-même du sentiment de son impuissance, a laissé tomber le pouvoir avec joie et comme soulagé d'une responsabilité qu'il fallait se hâter de remettre à d'autres ! Quoi ! il faut en revenir à M. Thiers et au 21 octobre 1840 ! Il faut déchirer avec un million de baïonnettes le traité à quatre que l'Europe avait le droit de conclure ! Il faut remettre Ibrahim, à l'aide des forces de la France, à la tête de 70,000 hommes en Syrie ! Il faut reprendre la flotte du sultan et la rendre avec ses 15,000 matelots sous le canon du pacha au port vieux d'Alexandrie ! Il faut faire la guerre à l'Autriche et même à la Prusse parce qu'elles ont débarqué en Syrie une poignée de soldats et quelques officiers qui ont fait évanouir tout ce fantôme de conquête égyptienne ! Il faut faire la guerre à la Russie parce qu'elle a loyalement renoncé à prolonger en sa faveur les bénéfices du traité d'Unkiar-Skelessi ! Il faut faire la guerre à l'Angleterre parce que, alliée du sultan, elle a bombardé son ennemi à Saint-Jean-d'Acre ! Il faut faire la guerre à l'Europe entière parce qu'un petit pacha d'une petite province turque, qui voulait se faire le perturbateur de l'Orient, est resté ce qu'il était, c'est-à-dire un pacha vassal, devenu même héréditaire ! Il faut incendier l'Europe et teindre le Rhin de sang français pour que le fils du marchand de tabac de Salonique ait la vanité de régner sur quelques arpens de terre de plus dans les sables de Gazza et dans les rochers de Jérusalem ! Voilà exactement où le ministère du 1.er mars avait posé la question entre l'Europe et nous avant la note du 8 octobre, et ce ministère lui-même l'avait déplacée trop complaisamment de ses propres mains et placée, dans sa note du 8 octobre , au-delà de toutes les concessions dont vous vous plaignez. Y a-t-il un homme de bon sens en France qui pût adopter pour son pays les conclusions que nous venons de développer? Ce sont pourtant les conclusions tacites , mais rigoureuses , du beau travail de M. Duvergier de Hauranne.

Ah ! sans doute, il y a peut-être quelque chose à reprocher au ministère qui a succédé au 1.er mars ; il y a peut-être quelque incohérence dans sa diplomatie si difficile ; il y a peut-être quelques fils qui se sont brisés dans ses mains , quelque faiblesse dans sa conduite ; mais qui sont les hommes qui pouvaient dire en prenant les affaires aussi désespérées que vous les leur avez remises : « Il n'y paraîtra plus dans six mois ; il n'y aura rien de taché , rien de froissé dans l'honneur si compromis du pays ? » De pareils hommes ne seraient point des hommes. Réparer , c'est souffrir ; le ministère souffre en réparant des fautes dont il n'est peut-être pas complétement innocent lui-même dans tous ses membres ; sa tâche est rude, notre indulgence pour lui doit être grande ; mais ce ne serait pas justice que de lui demander compte d'une situation que vos amis seuls lui avaient faite. D'après notre manière de voir, cette situation eût été beaucoup plus simple , la tâche du cabinet bien plus facile et bien mieux comprise , si , en vous succédant au pouvoir , il n'avait accepté aucune solidarité avec votre passé. Il aurait dû dire à l'Europe, il aurait dû dire à la France le 29 Octobre : Un abîme d'opinion nous sépare du ministère d'hier ; tout ce qu'il a fait, nous le déplorons ; tout ce qu'il a voulu , nous le renions ; tout ce qu'il a dit , nous le contredisons ; sa nature et la nôtre sont deux natures antipathiques ; il est le popularisme , nous sommes le patriotisme ; il est le trouble , nous sommes l'ordre ; il est l'agitation en Europe , nous sommes la réconciliation ; il est la guerre, nous sommes la paix. Il a voulu résoudre seul , à force ouverte, une question européenne et non française en Orient ; nous voulons la résoudre européennement avec le concours, l'intervention et la garantie de la France.

En professant dérisoirement l'intégrité de l'empire ottoman , il a voulu en morceler la moitié, et créer, à la face des puissances intéressées , un second empire menaçant pour elles , impuissant pour nous ; nous voulons, nous, l'intégrité réelle de l'empire turc pour en interdire les fragmens à tout le monde ; nous voulons la souveraincté du sultan et la vassalité de ses pachas. Il a voulu transformer la question, la misérable question égyptienne, en une question germanique sur le Rhin, belge sur l'Escaut, italienne sur le Pô ; nous voulons, nous, maintenir avant tout l'heureuse cohésion des intérêts européens en Occident, et rendre l'action de l'Occident en Orient collective pour y être efficace en même temps qu'elle y reste pacifique. Il a voulu révolutionner la France en évoquant intempestivement le génie militaire ; il a voulu quelque chose qui aurait ressemblé aux cent jours de la révolution revenant de l'île d'Elbe, et aboutissant à quelque funèbre Waterloo ; nous voulons, nous, que la révolution accomplie sommeille, s'organise, se repose, se fortifie dans son droit, se neutralise dans ses excès, se fasse accepter, reconnaître, honorer partout dans le monde ; nous ne prenons pas des convulsions pour de la force, ni des vociférations pour du patriotisme ; le chef-d'œuvre d'un homme d'état n'est pas de remuer un peuple, c'est de le gouverner. Il a voulu feindre des terreurs sur cette révolution à Paris, et il a jeté un demi-milliard à des fortifications dont l'Europe sourit, dont la France rougit, et dont la liberté s'alarme ; nous ne voulons, nous, d'autres fortifications à la révolution que le peuple qui l'a faite ; au lieu de ces pierres, menace permanente à l'indépendance des pouvoirs délibérans, et défi ridicule à l'Europe, nous voulons, nous, avec une armée imposante, avec une marine accrue, un système de réserve qui, en laissant des bras au travail, de l'argent au contribuable, de la sécurité en Europe, puisse, au premier signal donné, envelopper le territoire de ces remparts qui marchent, comme disait un orateur à la tribune, et de ces fortifications qui se referment sous le canon.

Tel devait être, selon nous, le programme du cabinet du 29 octobre ; en brisant ainsi avec le passé du 1.er mars, en opposant ainsi nature à nature, volonté à volonté, sa situation, de complexe devenait simple, d'obscure elle devenait nette et claire. En adoptant cette ligne de conduite, la négociation se trouvait placée sur une base naturelle et solide ; le déficit, ce mal qui dévore la prospérité et le bien-être du pays, disparaissait ; enfin, la plupart des reproches de M. Duvergier de Hauranne, qu'il n'adresse aux ministres actuels que parce qu'il les considère comme les continuateurs obligés et solidaires de la politique du 1.er mars, n'auraient pu s'appliquer à des hommes qui s'en seraient déclarés hautement et les antagonistes et les redresseurs.

Au reste, je reconnais que tous les griefs allégués par mon honorable collègue auraient pu être mieux placés dans la bouche des vrais amis du ministère, et qu'ils n'étaient déplacés que dans la bouche d'un défenseur du 1.er mars. D'où vient, en effet, l'ambiguité de la situation de M. Guizot? D'où vient le système bâtard de la paix armée? d'où vient le demi-milliard obtenu par exaction des contribuables pour les fortifications de Paris? d'où viennent ces cinq cent mille baïonnettes oisives dans nos casernes et sur nos frontières, et qu'il faut solder en paix comme en guerre? — Tout cela vient évidemment de la fatale et impolitique complaisance avec laquelle le ministère actuel a accepté une partie de la politique et toute la juste impopularité de ses prédécesseurs.

C'est donc nous qui pourrions adresser de trop justes reproches au cabinet du 29 Octobre; il a perdu en indépendance, en sécurité européenne, en économie au-dedans, en popularité sur les masses et en force réelle, tout ce qu'il a accepté de responsabilité dans les œuvres de M. Thiers et dans ses paroles. Mais nous ne l'accusons point, nous le plaignons. Ce ministère est une transition et une transaction; à ce titre, il participe de deux natures : espérons que la bonne l'emportera sur la mauvaise.

Quant à ce bilan général que M. Duvergier de Hauranne établit depuis 1735 pour toutes les puissances de l'un ou de l'autre monde, nous ne le reprenons pas, car nous ne le contestons pas.

M. Duvergier de Hauranne dresse, et par pertes et par gains, l'inventaire de la France depuis Louis XIV : le Canada, les Indes, la Louisiane, Saint-Domingue, Madagascar, que sais-je? l'île de France, Minorque, etc., etc.

Tout cela est vrai; cependant, il me semble que si M. Duvergier de Hauranne eût porté un regard un peu plus profond sur les choses, il aurait compté à l'actif de la France une immense puissance de plus. — Sa révolution de 1789, son influence morale, sa diffusion d'idées et de principes sur le monde; son ébranlement de l'Europe; tant de trônes si souvent minés, tant de frontières renversées par son bras; l'éclat de son drapeau et la contagion de sa gloire : cela ne se résume pas sans doute en une province de tant de lieues carrées, mais cela se résume en une habitude de vaincre, en une démocratie toute puissante et trop prête à la guerre. Les coalitions et l'antagonisme de l'Europe en sont la preuve.

Quant aux pertes trop réelles, nous ne les nions point, nous ne les ratifions point ; seulement, nous avons de la peine à comprendre comment l'Amérique, l'Afrique et les Indes pèseraient sur la responsabilité du ministère de 1841 ; et quant à ce qui concerne seulement la phase de la révolution de juillet jusqu'à aujourd'hui, nous demanderons à M. Duvergier de Hauranne qui était ministre en 1830, quand la France s'est empressée d'embrasser les traités de Vienne ? qui était ministre en 1831, quand la France s'est hâtée de jeter sa cendre sur le foyer de Varsovie ? qui était ministre en 1833, quand la France a laissé intervenir les baïonnettes autrichiennes à Ferrare ? qui était ministre en 1834, quand la France a vu d'un œil impassible la flotte russe à l'ancre sous les fenêtres du sultan, et 30,000 Moscovites campés sur les deux rives du Bosphore ? qui était ministre en 1837, quand l'Espagne réclamait en vain notre concours contre la double guerre civile qui allait la déchirer en lambeaux, et jeter notre influence à l'Angleterre ? — Si nous ne nous trompons, c'était des amis ultrà-conservateurs que l'honorable M. Duvergier de Hauranne soutenait de son zèle monarchique et de sa noble passion pour la paix. Et enfin, qui était ministre en 1840, quand la France retirait sa flotte pour laisser passer le débarquement européen en Syrie, et quand la diplomatie française signait la note du 8 octobre, cette honteuse reculade de la France ? — Si nous ne nous trompons encore, c'était précisément le ministère belliqueux et agitateur que l'honorable M. Duvergier de Hauranne défend avec plus de générosité que de logique. Il nous semble que de ces abaissemens successifs M. Duvergier de Hauranne pourrait s'en prendre à tout le monde, excepté à nos amis et à la majorité qui croit devoir soutenir aujourd'hui le cabinet du 29 octobre.

Pour ce qui concerne plus particulièrement M. Duvergier de Hauranne, tout en combattant son argumentation du point de vue où il s'est placé, nous ne pouvons nous empêcher de reconnaître en lui autant de patriotisme que de talent. Certes, celui qui a fait un pareil travail diplomatique, qui a répandu tant de clarté, même à travers le faux jour de la partialité, sur les questions les plus obscures et les plus diverses du système européen, cet homme a prouvé, selon nous, qu'il existait dans le sein des Chambres et de la presse des esprits capables de traiter ces hautes matières de gouvernement, et des mains dignes, peut-être, de les manier un

jour avec plus de supériorité que ceux qu'il excuse. En un mot,
pour être un homme d'état de première portée, il ne manquait à
M. Duvergier de Hauranne que d'être impartial, c'est-à-dire que
d'être lui-même.

Artange (Allier), ce 25 septembre 1841.

EDOUARD DE LA GRANGE, député de la Gironde.

Bordeaux. — Imprimerie de LAVIGNE, fossés de l'Intendance, 15.

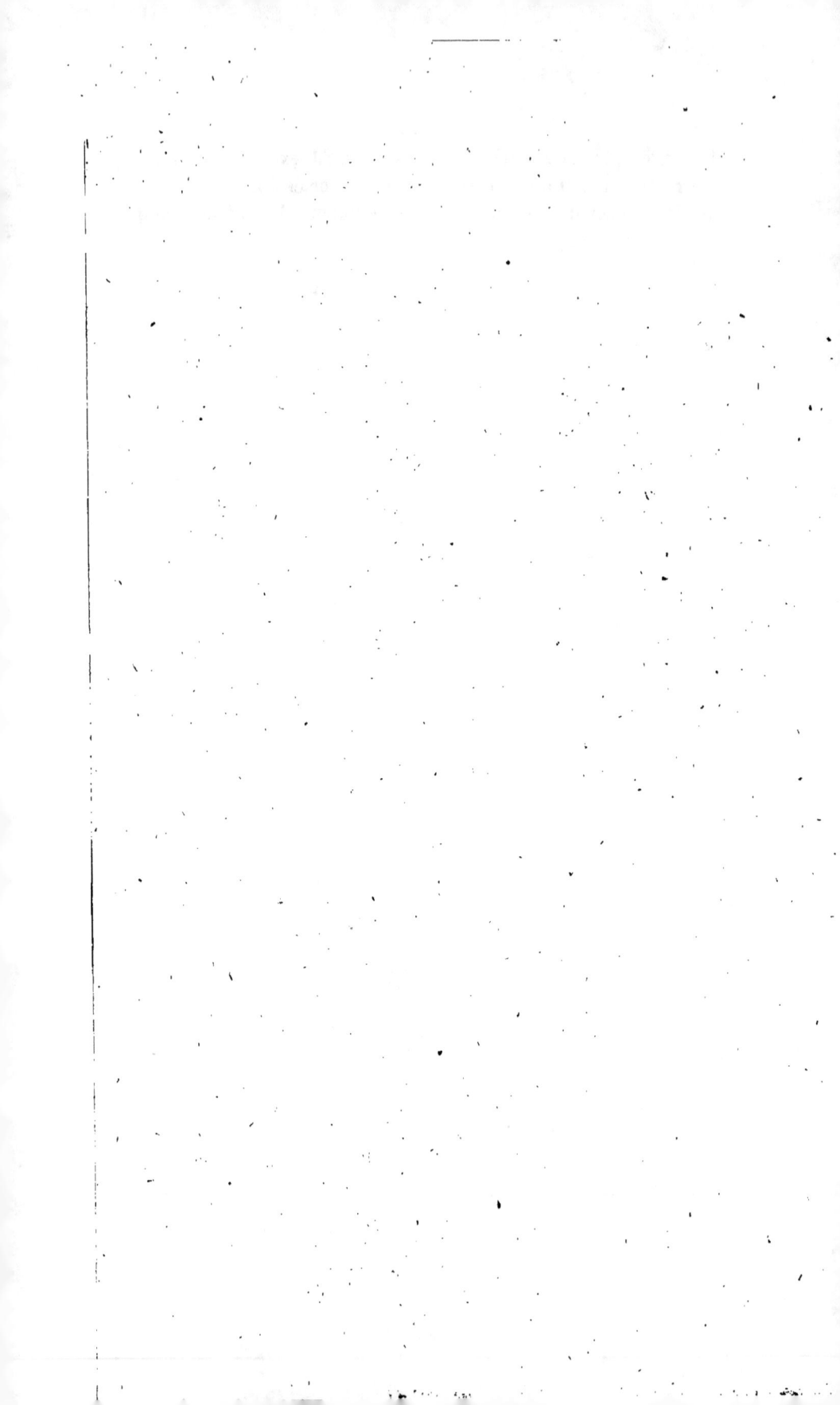

www.ingramcontent.com/pod-product-compliance
Lightning Source LLC
Chambersburg PA
CBHW070750280326
41934CB00011B/2861